中华中医昆仑

周仲瑛学术评传

张镜源◎主编

中国盲文出版社

图书在版编目（CIP）数据

周仲瑛学术评传（大字版）/ 张镜源主编. —北京：中国盲文出版社，2015.12

（中华中医昆仑）

ISBN 978-7-5002-6845-1

Ⅰ. ①周… Ⅱ. ①张… Ⅲ. ①周仲瑛—评传 Ⅳ. ①K826.2

中国版本图书馆 CIP 数据核字（2015）第 308511 号

周仲瑛学术评传

主　　编：张镜源
责任编辑：倪　洋
出版发行：中国盲文出版社
社　　址：北京市西城区太平街甲 6 号
邮政编码：100050
印　　刷：北京华联印刷有限公司
经　　销：新华书店
开　　本：700×1000　1/16
字　　数：42 千字
印　　张：6.75
版　　次：2015 年 12 月第 1 版　2015 年 12 月第 1 次印刷
书　　号：ISBN 978-7-5002-6845-1/K·450
定　　价：12.00 元
销售服务热线：（010）83190297　83190289　83190292

丛书编委会

前　言

中医药是中华民族的伟大创造，是世界医学宝库中的夺目瑰宝，数千年来为中华民族的繁衍昌盛作出了巨大的不可磨灭的贡献，至今仍是中国医药卫生事业不可分割的重要组成部分，在维护民族体魄康健、促进经济社会发展中发挥着不可替代的作用。

中医药学，是中华传统文化和科技文明的结晶，是勤劳聪慧的中华儿女在几千年生产生活实践中，在与疾病作斗争的过程中，创造的独具特色的医学科学体系。它有着浓郁的民族特色、深厚的文化底蕴和丰富的哲学内涵。经过一代又一代中医药传人、一辈又一辈名医大家的实践探索、薪火传承、总结完善、创新发展，逐步形成了系统的理论体系、独特的诊疗方法、丰富的医学内容、实用的制药技术。具有疗效确切、用药安全、应诊灵活、普适简廉和预防保健作用显著的巨大优势，在世界医学之林独树一帜，为人类的文明进步与医疗保健事业，已经并正在作出积极的贡献。

为了弘扬中华民族传统文化，彰显中医药学家的丰功伟绩，当代中医药发展研究中心与中国文学艺术界联合会、国家中医药管理局新闻办公室、中华中医药学会、中国中医科学院、北京中医药大学、世界中医药学会联合会等精诚合作，在国家中医药管理局的支持和指导下，为中华近现代百年来贡献卓著、深受敬仰的150位中医药学家，编撰出版了这部大型传记丛书。丛书采用评传体裁，记载他们的生平事迹、医术专长、学术思想、传承教育、医风医德、养生之道和突出贡献，使这些宝贵的医学成就和精神财富发扬光大，千古流芳。

从书取名《中华中医昆仑》。昆仑山，被尊为“万山之祖”，柱西北而瞰东南，立中国而凭世界，凌驾乾坤，巍然屹立。以其高峻豪迈、绵延起伏的磅礴气势，寓意中华中医药学历史悠久、博大精深和永不衰竭；以其挺拔雄伟、高耸入云的恢弘气魄，彪炳一代中医药学家的丰功伟绩、杰出贡献和不朽勋业。

从书入选传主，从全国范围推荐遴选，遍及中医药界各个领域。有临床家、理论家、药学家、教育家、医史文献学家；有名师亲授、世医家教、学派传人、院校毕业和自学成才者；有师徒并驾、父子齐名和伉俪联袂者。他们学术造诣深厚、诊疗技术精湛、临床经验丰富、学科地位崇高、科研成果丰硕、医风医德高尚、国内外影响较大，从医学理论到临床实践，为中医药事业的传承和发展作出了突出贡献，是近现代百年来中华中医药界的杰出代表。

丛书的出版，对于弘扬中华文化，振兴中医药事业，造就中医药人才，普及中医药知识，具有重要的现实意义和深远的历史意义。这是一项开创性工作，填补了我国为著名中医药学家大规模撰写传记的空白；也是一项抢救性工作，因入选传主已仙逝过半，许多亲历、亲见、亲闻的史料日见散逸，将之收集整理、编撰成书，功垂后世、利国利民；更是一项承前启后的工作，总结传主经验，传承中医药伟业，继往开来，光耀世界医学之林。这部医文结合，富蕴历史性、学术性、文学性和实用性的鸿篇巨制，对医疗、卫生、科研、教育及全球关注中华中医药文化的各界人士，都有重要的参考和阅读价值。

丛书的编撰出版，是一项巨大的中医药文

化建设工程，在策划、撰写、编辑、出版过程中，自始至终得到了国家有关领导、政府部门及社会各界人士的关心和支持。国家中医药管理局高度重视，并组织专家对全书进行终审；数百名专家、学者亲临指导，参与规划；有关省、市、自治区卫生厅、局、中医局（处）给予大力帮助；传主及其亲属、弟子热情支持、密切配合；撰稿人深情满怀、辛勤笔耕；编审专家尽心竭力、精工细琢；关爱中医药事业的企业家热心公益、慷慨资助；全体工作人员不辞辛劳、无私奉献，这一切使丛书得以顺利出版。对此，我们深表谢意。

由于时间紧迫和资料搜集困难，加之水平有限，难免有疏误之处，敬请广大读者批评指正。

中华中医药学，历史悠久，源远流长，发端于远古，奔向于未来。百年对于历史，不过是短暂的瞬间；百人对于万众，不过是沧海一粟。然本丛书所记载的百年百人，则无疑是波澜壮阔的中医药发展史上辉煌的篇章和光芒闪烁的璀璨星辰。

张镜源

目录

古为今用，根深则叶茂。

西为中用，老干发新芽。

知常达变，法外求法臻化境，

学以致用，实践创新绽奇葩。

——周仲瑛

周仲瑛，1928年出生，江苏如皋人。著名中医学家，主任医师，南京中医药大学教授、博士研究生导师，中华中医药学会终身理事，首批享受国务院政府特殊津贴，首批全国老中医药专家学术经验继承工作指导老师，第一批国家级非物质文化遗产项目“中医诊法”代表性传承人之一，国家级名老中医。2009年由人力资源和社会保障部、卫生部、国家中医药管理局评选为国医大师。

周仲瑛曾任江苏省中医院副院长、南京中医学院（现南京中医药大学）院长等职，是国务院学位委员会学科评议组（中医）成员、中国中医科学院学术委员、国家中医药管理局中医药工作专家咨询委员会委员、国家教委科技委员会医药卫生学科组组员、卫生部药品审评委员会委员；第七届全国人大代表。

周仲瑛从事中医临床工作60余年，具有丰富的理论和实践经验。临床强调病机分析，重视病理因素的辨识；善于复合立法，治疗多种急重症和疑难症效果显著。勇于在实践中继承创新，先后提出“审证求机”、“辨证五性”、“知常达变”、“复合施治”等新观点，创立“内生六淫”、“第二病因”等理论。曾深入疫区十余年，研究流行性出血热，提出“病理中心在气营，重点为营血”和“三毒”致病新说，显著降低了出血热的病死率；在对病毒感染性疾病的研究中，研制出“清气凉营注射液”，并列入国家科委引导项目；针对急性休克所研制的三种辨证系列中药制剂，被列入21世纪全国中医院急诊室必备制剂名录；系统研究了瘀热相搏证，形成了“瘀热”病机学说。迄今为止，主持国家、部省级课题36项，其中4项列为世界卫生组织传统医学合作项目，获得科研成果24项，创制新药5种，发明专利6项，发表学术论文216篇。

作为我国中医教育事业和中医内科学科的领军人物之一，周仲瑛为中医高等教育事业的发展作出了重大贡献。他编写或参与编写了《中医内科学》、《中医急症学》教材及教学参考书共29部，培养了一大批中医精英人才，其中许多人已成为各大医院、科研单位和院校的业务骨干。

除了教材和教学参考书之外，周仲瑛的学术思想和临床经验体现在他的诸多著作中，如《周仲瑛临床经验辑要》、《中国百年百名中医临床家丛书·周仲瑛》、《瘀热论——瘀热相搏证的系列研究》、《中医内科急症学精要》、《中医内科临证备要》和《周仲瑛医论选》等。

遭变故绝地奋起
周筱斋重振家声

风景旖旎的东海之滨，距宁波百余里的地方，有一个历史悠久、物产丰富的江南小镇——慈溪。慈溪境内的车轮桥，住着一户周姓人家，几代以医为业。在当地虽不算富裕，但也过得平平稳稳。

1853 年，太平军进入浙江，遭到清军的血腥镇压。慈溪人为避战火，纷纷背井离乡。周家的后人，也就是周仲瑛的太爷周敬庵也在此时流落到江苏一带。当他来到南通如皋的东马塘时，发现这里紧邻黄海，交通不便，可免受外界影响，比较太平；并且，此地民风纯朴，人们热情好客，物产比较丰富——像是个“世外桃源”，周敬庵决定在这里定居。

在东马塘安家后，周敬庵继续开业行医。他擅长内科、外科，由于他勤学精研，视病人如亲人，得乡人信赖，就诊者日众，业遂大旺。刚开始，周敬庵只诊脉看病，并不售药。但后来发现，治疗效果有赖药良，炮制修治，悉尊法则，方显厥功，因此又设“松寿堂”中药铺，从中药质量的鉴别和购进，到中药饮片的炮制和加工，都精细周到，严格把关，以保证临床效果。

转眼间几十年过去了。1899 年 10 月，周家喜添一个男孩，取名倜生，字筱斋，这就是周仲瑛的父亲。周筱斋聪敏好学，深得家人喜爱，周敬庵更是喜不自禁。周筱斋自幼看到先辈济世活人，耳濡目染，对中医产生了浓厚兴趣。6 岁时，他进邓承武私塾读书，学文的同时兼读医籍。

天有不测风云！周筱斋 13 岁那年，奶奶、爷爷相继去世，接二连三的重大变故使周家元气大伤，家境日渐萧条。原来的“松寿堂”中药铺也由于经营不善而关闭。周筱斋失学了，母亲也弃他而逝，贫困的他此时已没有立锥之地。但是，周筱斋并没有屈服。他通过严氏堂姑母的介绍，到堂叔所设的“大德堂”药号半工半读，自谋生路。他抓住来之不易的学习机会，白天干活，晚上攻读医书，常常到深夜才上床休息。

艰苦的生活磨炼着周筱斋的意志，也更加坚定了他的志向：“唯有从医，继承祖业，庶可服务桑梓，借为生计。”周筱斋是个有心人，他一面把小时候看过的医书重新拿来，精研细读，一面默默积累着自己的经验体会。他对日间诊治的危重病人特别上心，常在一天的工作结束之后，把某些医生的处理方案默记理解；有疑难病例之时，正是其学习进步的最佳时机。此时，许多医生在一起会诊，各抒己见，讨论病因病机，商定诊治方案。周筱斋便悄悄旁听，在心里分析病情，拟定自己的诊治方案；之后再默默观察众医会诊的结果，并一一记住。

漫长的八年过去了，周筱斋研读了许多医书。经过历练，其中医功底日渐深厚。1921年，23岁的周筱斋受聘于马塘济生会，正式设案应诊。三年后，他在马塘镇的王家院自设诊所行医，这一干就是23年。其间，疫痢、伤寒、登革热、霍乱等疾病相继在当地流行。凭借深厚的中医功底和丰富的临床经验，周筱斋治愈了许多病人。众病家颔首称道，口口相传，以至于诊所门庭若市，一天至少要看四五十位病人。诊所面积虽然不大，但异常整洁干净，还有茶水免费供应。夏天，诊所用新鲜的藿香、荷叶泡茶，给病人防暑降温。周到的服务，高超的医术，使周家的诊所声名远扬。

1947年，频繁的战事使小小的马塘镇动荡不安。为避战乱，周筱斋迁居到南通市，在寺街二号设诊所行医。其时正遇到麻疹、天花流行。在当时的医疗条件下，这两种传染病死亡率都很高，但经周筱斋诊治的百余例天花病人，除一人外皆得痊愈，堪称奇迹。

1954 年，周筱斋应邀到南京参加省中医院和中医学（校）院的创建工作，后留在新成立的江苏省中医进修学校任教。他全身心投入到中医教育事业之中，先后独立开设祖国医学史、方药、各家学说等多门课程。他自编的教材《祖国医学史讲义》，是中华人民共和国成立后全国第一部较为完整的中医学史讲义。

1959 年～1965 年，周筱斋先后担任南京中医学院医史、各家学说、中药、方剂、金匮等教研组组长和药物研究室主任，同时作为教材编写组成员，负责全校教材的编写和教学大纲的制订。他主持编写了全国中医院校第一版《方剂学》教材，主编了厦门大学的函授教材《方剂学讲义》，还参加了《中医学概论》等教材的编写和审定工作。

1970 年，年逾古稀的周筱斋出任江苏新医学院中西医结合教研室中医顾问，同时在江苏省中医院和双闸医院应诊。自 1978 年开始，周筱斋在南京中医学院文献研究所任副教授、教授，直到 1988 年正式退休。

1989 年 10 月，周筱斋因病在南京逝世，享年 91 岁。这位为中医事业奋斗了一生的老人，弥留之际还在念叨着，要为提高中医的教育质量献计献策。

周筱斋的一生，艰难坎坷而又充满传奇色彩。他出生于家道殷实的中医世家，少年时却家境萧条，小小年纪便寄人篱下，自谋生路。但经过发奋努力，勤学苦研，反而逆境成才，练就了济世活人的真本事，终于重振家业。回顾成长的经历，周筱斋常以“不经一番寒彻骨，哪得梅花扑鼻香”自勉。

周筱斋习医，虽始于家传，但更多的却是

自学。自学的路是艰辛坎坷的，但那苦思冥想的过程，如饥似渴的感觉，顿悟之后的喜悦，只有亲历过的人才能体会得到。“始于约，进于博，终于由博返约”，这是周筱斋悟到的治学秘诀。

周筱斋多次经历疫病流行，对急危重症的抢救有丰富经验，善治时病大证。他十分重视中药和方剂的研究，认为两者是联系理论和实践的枢纽。他治病不泥于成方，能够根据需要有所创新，如青蒿白薇汤、清血解疫汤、温脾饮、谷玫四陈煎、四物二母丸等，都是他自创的有效方剂。

周筱斋酷爱读书，善于思考，不囿于成说，很有创新意识。即使到耄耋之年，仍然手不释卷，“每遇一事未爽于怀，必沉思穷追，期得事理明白为止”。学术上，他既能坚持中医的优势和特色，又能接受新事物，不断学习新知识。

周筱斋素以敬业、乐群为怀；恪守医德，

对病者热情负责，不分亲疏，一视同仁，悉心治疗；遇有急重病症，必定随时出诊，不使久待。出诊次序以邀诊先后、病情轻重为依据，绝不以诊金高低、贫富尊卑为区别，因而深得病家赞许。

周筱斋情趣高雅。他除了钻研医术，还爱好文学、书法和绘画。他的好友中，就有书法家顾鼎和、画家邓怀农等。兴致所至，有感而发，他也常赋诗以言心志。

1981 年 10 月 6 日，是九九重阳节。83 岁的周筱斋在寒气微露的秋夜，遥望星月，回顾一生的坎坷，慨然写下《秋夜·辛酉重九》这样一首诗：

几点寒星霜露重，一轮明月清晖生。
长夜能补白昼短，难偿浩劫一炬焚。

周筱斋一生治病救人，医术高超，为世人所公认。他的学术经验，集中反映在《中国百年百名中医临床家丛书·周筱斋》一书中。更使人高兴的是，他的儿子周仲瑛在其言传身教和精心培育下，也已成为德艺双馨、著作等身的一代名医！

受濡染志在岐黄
承庭训寻求真知

周仲瑛出生于1928年10月。其时，马塘一带疫病流行，严重威胁着当地人民的生命。父亲周筱斋热心救助患者，治愈了很多人，受到乡亲们的交口称赞。看到众多的患者经父亲治疗摆脱病痛，恢复健康，小小年纪的周仲瑛被神奇的中医药深深地吸引住了。乡邻的感激，同道的尊重，无形中成为一种动力，使周仲瑛从小就对中医产生了感情。“每睹急症之转安，沉疴之复起，未尝不慨然有感于不为良相，当为良医之训也！”

1941年，周仲瑛13岁时，侵华日军占领了马塘。学校关闭，周仲瑛因此失学，于是他开始随父亲研习中医。童年时代的耳濡目染、潜移默化，使他对中医已经有了感性认识。他希望研习医书，迅速入门。但父亲的要求是严格的，认为“业医必先精文”，首先要熟背四书，然后再系统学习《黄帝内经》、《伤寒论》、《神农本草经》等医学典籍。所以，他学习的内容，既包括四书、《古文观止》、唐诗、宋词，也包括历代中医典籍的医论、序言以及名医小传等。之后，才正式涉猎中医专著。“我学文最主要的就是《古文观止》，其中能背得滚瓜烂熟的就有100多篇。这些文章的背诵确实有好处。中医本身就属于中国传统文化范畴，如果没有传统文化基础，就不易搞懂中医理论的内在含义。”

周仲瑛虽深受传统文化的熏陶，但在学医之初，也依然感到枯燥、茫然，难以领悟医理奥义，不能联系实际消化吸收。回忆往事，周仲瑛把自己的学医门径归纳为“死读”：“我通宵达旦刻苦攻读，劲头十足，却读得糊里糊涂。尤其在背医经、脉经等典籍时，就像小和尚念经，真是苦啊!”对于学习的效果，老师是要考察的。“一两百篇古文篇目拧成一个一个纸卷，老师让你摸一个，你就要背出来……需要背诵的《药性赋》、《汤头歌诀》也是这样办的。这是一种非常好的基本功训练，虽很原始，但也很有效。”几十年后，周仲瑛对《伤寒论》和《备急千金要方》的序言等，仍然烂熟于心，倒背如流。

1945年，17岁的周仲瑛开始跟随父亲出诊。他白天随父亲诊脉看病，晚上听父亲传授医道。他采取的是“从源到流”的学习方法。第一年，从学习汪讱庵编著的《素灵类纂》开始，再研读《伤寒论》、《金匮要略》、《神农本草经》等经典著作；然后是《汤头歌诀》、《药性赋》、《医学三字经》、《濒湖脉学》。第二年，研读《医学心悟》、《医宗金鉴·杂病心法要诀》、《杂病广要》、《类证治裁》、《医门法律》等典籍。第三年，学习金元四大家和温病学派的代表著作。这些著作都是周筱斋先生根据自己多年的临证经验，在汗牛充栋的中医书籍中精心挑选出来的。周筱斋的讲解更是由浅及深，生动形象，实用性很强。他要求周仲瑛不但要听懂、理解，还要能够背诵，并且在临床上反复揣摩。“学医无取巧之门。”周仲瑛总结经验说，“主要篇章条目烂熟于心，到临床后就能触类旁通”。

在学医的后期，周仲瑛已经开始随父亲看病。1946 年，南通地区天花流行。在当时，天花发病率高，传染迅速，死者众多，西医尚没有理想的治疗方法，而中医的治疗却很有特色。“天花病程、病机不同，证候就不同，治疗也不同，辨证论治的优势体现得很明显。有清有解，有下有温。记得当时我已经协助我的父亲看病了。印象较深的是，一般天花灌浆，多数是如象牙色的；但有一种是血痘，很危险！全部是紫色的，要清热凉血解毒，用大黄、赤芍之类，有能抢救成功的。有的天花灌浆不出来，塌陷，要用温补透托，药用黄芪、鹿角之类就能透出来了。这些活生生的例子印象很深。”

“1946年我父亲在老家抢救霍乱，当时没有输液条件，只有用中医治疗。中医在治疗抢救过程中得出了一条很好的经验，霍乱容易伤阴亡阳，所以必须通阳。通阳化气，气化功能正常，小便就来了，病人得尿后就有生的希望了……这些急症的实践增长了我的见识。”

1947年，已经有一定临床实践经验的周仲瑛考入上海新中国医学院中医师进修班学习。这是一所由现代名医丁济万、朱鹤皋主办的中医院校，举办进修班的目的，就是要研究中国历代的医学理论和技术，融会新知，培养国医专门人才；经过进修，能够在上海办证开业。当时上海的著名老中医章次公、朱鹤皋、蒋文芳、盛心如、黄文东等，都亲自授课并临床带教。所开设的课程包括内科、妇科、儿科、方剂、中药等。没有教材，老先生们就用自编的油印教材。经过系统学习，周仲瑛的中医功底更加扎实，也熟悉了不同医派的特点，思路更加开阔。

1948 年，周仲瑛在父亲设在南通的诊所襄诊，一年后回家乡马塘，独立开业行诊，一直到 1955 年。其间，他曾和王观民一起合开“瑛民诊所”，后来又把周围有名望的医生集中起来，共同开设了“马塘镇联合诊所”。

年轻的周仲瑛开业不久就在当地名声大振。有一次，他遇到一位农村病人，高烧不退，神志昏迷，频繁抽搐，已经濒临死亡。许多医生都不敢接手治疗，家里也已经在准备后事。周仲瑛仔细诊查，认为此证已非单予白虎汤、清营汤等可救，须急用紫雪丹以清热开窍，息风止痉。按照他的处方，病人服药后果然热退神清，转危为安！一时间，在当地医界引起了很大反响。

1955 年 1 月，江苏省卫生厅发出通知，让各地选送学员到江苏省中医进修学校学习。周仲瑛看准了这次难得的机会，尽管在当地继续行医能够名利双收，但 27 岁的他还是毫不迟疑地参加了选拔考试，并顺利入选。那年的 3 月 13 日，他来到省城南京，找到朱雀路四象桥附近的邀贵井 14 号，到进修学校报到。入学后，周仲瑛惊喜地发现，这里的任课教师都是很有名望的老中医，如卫生厅厅长吕炳奎，名老中医邹云翔、曹鸣皋等。而他的父亲周筱斋此时亦在学校任教。两人既是父子，又是师生，一时间传为佳话。

基于多年的学习和实践经历，周仲瑛深知，唯有“勤以治学，学以致用”，才能学有所成。因此，在进修学校学习期间，他利用课余时间，重新温读了《丹溪心法》、《脾胃论》、《医林改错》、《血证论》等有代表性的中医专著；同时也接受了西医学及其他自然学科的先进知识，开拓了思路，增长了见识，为其后的著述和科学研究奠定了扎实的基础。

半年后，学校选拔周仲瑛、陆莲舫等7人进入附属医院工作。周仲瑛一边继续随老中医学习，一边参加内科临床，同时还担任了教学工作。1959年，医院由原址石婆婆庵搬到了现在的汉中路。周仲瑛在这时晋升为讲师、主治医师。随着医院规模的逐渐扩大，运行机制的日渐成熟，周仲瑛与大家一道，开始进行一些临床科研，同时还开设了重点专病门诊，诊治高血压、肾炎、肿瘤等病症。

在江苏省中医院的临床第一线，周仲瑛从住院医师、助教干起，一步一个脚印，辛勤耕耘。他曾经日夜守候在病房、门诊，治愈了许多急难重症患者。在伤寒、乙脑、麻疹等疫病流行期间，周仲瑛常常值班通宵达旦，废寝忘食；为攻克流行性出血热，他北至徐州、连云港的贫困乡村，南至常州、高淳的乡间小道，足迹踏遍了大江南北。

周仲瑛认为，临床医学必须以提高疗效为首要目标。没有临床效果，中医的生命力便不复存在。从医60余年，他始终不曾脱离临床工作，即使在担任省中医院副院长和中医学院院长期间，依旧按时坐诊，接待患者。行政职务卸任后，他把更多的精力放在了临床。70岁后，每周仍坚持六次门诊，偶因外出公干，也必争取连夜赶回，不顾疲劳，准时到达诊室。由于求医者过多，每每误了午餐时间，但他对病人从不敷衍了事，而是耐心收集四诊资料，认真看好每一个病人，雨雪寒暑从不间断。

经过长期的临床实践，周仲瑛在中医内科急难症的诊治方面，积累了极为丰富的经验。

冒风险深入疫区
出血热不再肆虐

20 世纪 70 年代末，欧亚大陆曾流行过一种致命的传染病。一旦感染了这种病，患者先后出现发热、出血及肾脏损害，病情的发展非常迅速，常在短时间内致人死亡。这种可怕的瘟疫就是流行性出血热。

当时，中国是流行性出血热发病最多、流行最严重的国家之一。除青海省和台湾地区之外，全国其他省市无一幸免，江浙一带成为疫病流行的重灾区。由于没有可靠的控制办法，出血热的流行一度造成恐慌，人人谈之色变！

周仲瑛临危受命，开始了流行性出血热的临床研究。早些年，他曾救治过伤寒、乙脑、麻疹等时疫，但对如此凶险的出血热，还没有多大的把握。当时通行的治疗思路比较简单，发热期就统用清解四号，搞成一病一方的模式，结果死亡率仍居高不下。

为攻克流行性出血热，周仲瑛先和大家一起查房，逐渐积累了感性认识。之后，他身先士卒，带领治疗研究团队深入疫区，到疾病流行最为猖獗的高淳、东海等地，建立了临床基地。当地的生活条件非常艰苦，医护人员随时可能被感染，但周仲瑛和他的同事们不惧困难和危险，在防护设施极为有限的情况下，设门诊、管病床，在临床第一线救治患者。

根据传染性、流行性和临床症状，流行性出血热属于中医学“瘟疫”、“疫斑”、“疫疹”范畴，周仲瑛首次将其命名为“疫斑热”。这一病名后来得到中医界的广泛认可。而在当时，病名的确立实际上是指明了辨治的方向。本病的临床表现主要是发热、出血、低血压休克和肾脏损害，临床医生总结出这样的顺口溜：“高烧脸红酒醉貌，头痛腰痛像感冒，皮肤黏膜出血点，恶心呕吐蛋白尿。”在掌握第一手临床资料之后，周仲瑛综合运用卫气营血、三焦和六经辨证的方法，对本病的病机和治法进行了分析。本病的演变一般都经过发热期、低血压休克期、少尿期、多尿期和恢复期五期。中医的治疗同样应当立足疾病的全过程，根据各期的病症特点进行辨证用药。一开始，他们遵照先贤叶天士的论述，按“卫之后方言气，营之后方言血，在卫汗之可也，到气才可清气，入营犹可透热转气……入血就恐耗血动血，直须凉血散血”的思路，针对疾病各期拟订了治疗方药，满怀希望地在临床进行验证，却失望地发现，效果仍然不能令人满意！

周仲瑛陷入了巨大的困惑之中。病人痛苦的表情，渴望生存的目光，深深地震撼着他。在一整天的忙碌之后，周仲瑛拖着疲惫的身躯缓缓地走在高淳的田间小道上，满脑子都是出血热的问题。这是一种进展迅速、极为凶险的疾病：发病初在卫分，转眼间就出现了气分的症状，紧接着便传到了营血，短期内就会引起急性肾功能衰竭。思考着这些临床特点，周仲瑛突然悟到，对于这种传变迅速的疫病，如果死搬卫气营血分期而治的方法，就有可能滞后半拍，延误病情。以前的教训就在于此！

凝滞的思路一下子打开了！周仲瑛兴奋地赶回医院，在医生值班室昏暗的灯光下，一边思考，一边写下了这样一段话："本病卫气营血传变过程极为迅速，在气分甚至卫分阶段，邪热多已波及营分，往往重叠兼夹，两证兼见，而气营两燔基本贯穿于发热、低血压休克、少尿三期，气营就是其病理中心！针对这一病机特点，到气就可气营两清，只要见到身热而面红目赤、肌肤黏膜隐有出血疹点、舌红等热传营分的先兆，就应该在清气的同时，加入凉营之品，以防止热毒进一步内陷营血。”

之后，周仲瑛和同道们一起，经过无数个日日夜夜，通过分析病史、观察病程、研究病征、拟订治法、总结疗效，最终摸清了流行性出血热的病机规律，找到了行之有效的诊治方法！

这一系列新的辨治方药的应用，使上千例流行性出血热患者获得了新生。后来的统计分析表明，周仲瑛他们治疗了 1127 例流行性出血热患者，病死率是 1.11％；而按照当时的医疗水平，该病的病死率在 7.66％左右。特别是对死亡率最高的少尿期急性肾衰病人，周仲瑛应用泻下通瘀、滋阴利水的方药治疗，使病死率下降到 4％，明显优于对照组的 22％。

出血热的流行势态终于被控制住，不再那么狰狞可怕了。国家对周仲瑛的这一研究成果给予了高度重视。1988 年，“中医药治疗流行性出血热的临床及实验研究”获得卫生部科技进步一等奖，并代表我国出血热治疗的最高水平，到前苏联进行国际交流。这一研究还被国家科委和经贸部选入 1979 年～1989 年中华人民共和国重大科技成果项目。

此后，周仲瑛围绕传染性疾病进行了多项研究，充分展示了中医在该领域的优势和特色。他对乙脑、病毒性腮腺炎和重症感冒等病毒感染性高热的研究，被列入国家“七五”攻关课题，研究成果于 1994 年获得国家教委科技进步三等奖。他所研制的新药“清瘟合剂”、“清气凉营注射液”等，被列入国家科委引导项目。研究项目“清化瘀毒、调养肝脾法治疗乙型肝炎的研究”于 1998 年获得国家中医药管理局科技进步三等奖。

2003 年春天的一个晚上，周仲瑛刚要上床休息，家里的电话铃声急促地响起来。那是他远在广州的学生、广东省中医院呼吸内科主任林琳打来的。林主任说，他们那里遇到了几个病程症状极为相似的肺炎患者，病情重且变化很快，按常规处理效果不佳，因此来电请教老师。以多年来应对传染性疾病的丰富经验，周仲瑛敏感地意识到，这可能是另一种类型的疫病。他让林琳详细记录患者的病情，严密观察病情的变化，认真分析脉症特征，并提醒她这可能是某种类型的“温疫”，须按照卫气营血和三焦辨证的方法进行辨治；同时应注意察舌按脉，分析湿邪是否存在。后来的事实证明，这些不同寻常的肺炎就是曾经引起全国恐慌的“传染性非典型肺炎”。那一年，周仲瑛应邀参加了广东省中医院的远程咨询会诊，参与“非典”救治方案的制订。在抗击“非典”的战役中，周仲瑛的两个学生——中国中医科学院北京广安门医院的仝小林博士和广东的林琳主任，都作出了突出贡献。

2008 年 5 月 12 日，四川汶川发生了 8.0 级的强烈地震，全国人民立即投入到支持灾区的运动中。已经80高龄的周仲瑛以其丰富的阅历，意识到震后疫病流行的可能。经过深思熟虑，周仲瑛提笔写下了这样两个处方：

处方一：蚤休10g，贯众10g，淡豆豉10g，青蒿12g，连翘10g，一枝黄花15g，前胡10g，光杏仁10g，桔梗5g。水煎服，每日2次。

周仲瑛将这个方子命名为“防疫清解方”，主要用于防治疫毒犯肺所引起的呼吸道感染性疾病，表现为发热、浑身酸痛、咽痛、咳嗽等症状者。

处方二：炒苍术10g，白芷10g，苏叶10g，藿香10g，陈香薷5g，清水豆卷10g，厚朴5g，法半夏10g，陈皮6g，石菖蒲9g。水煎服，每日2次。

周仲瑛将这个方子命名为“防疫化浊方”，主要用于防治秽浊伤中所引起的消化系统感染，表现为头目昏沉、胸闷呕恶、腹泻等症状者。

根据这两个处方，南京中医药大学迅速配制了6000剂颗粒冲服剂，由校医疗队紧急送往灾区。

防疫推荐方的发布会吸引了众多媒体。当有人问及为何要将这么珍贵的配方公开时，周仲瑛坦诚地说："这两个方子说珍贵也珍贵，因为这是我60年从医经验积累而成；说不珍贵也不珍贵，因为中医原本就是要为人民服务的！"

攻急症彰显神奇
析疑难复法组方

一般民众往往认为，“中医是慢郎中，治不了急症救不了命”。加上近年来中医急症人才缺乏，大部分中医不能治急症、不敢治急症，也不愿治急症，明哲保身，怕担风险。如此一来，中医几乎完全退出了急症领域。

中医真的不能治疗急症吗？周仲瑛大量的临床病例给了我们明确的答案。

一位 20 岁的女大学生，因“发热 4 天，加重伴咳嗽、胸痛 1 天”，于 1998 年 8 月 26 日住入医院。本以为是一般的肺部细菌感染，但先后用青霉素、立克菌星、万古霉素、欣复欢、君刻单等，高热仍持续不退，且发生多处气胸及胸腔积液，培养提示多种致病菌生长。之后出现呼吸、心跳骤停，经心肺复苏后虽然暂时保住了性命，但患者一直处于浅昏迷状态，经治疗无明显效果，遂请周仲瑛会诊。当时患者神志不清，身热面赤，四肢拘挛，时有抽搐，大汗淋漓，咳嗽痰多，需经常用吸痰器吸出。测体温在 38℃～39℃，心率 140 次/分钟，呼吸 30 次/分钟。周仲瑛品脉辨证，认为证属痰热闭肺，逆传心包，肝风内动，邪闭正脱。处方：西洋参 10g（另煎兑服），大麦冬 12g，生石膏 30g（先煎），生龙骨 20g（先煎），生牡蛎 25g（先煎），知母 10g，天竺黄 10g，鱼腥草 25g，黄芩 15g，葶苈子 12g，天花粉 15g，全瓜蒌 15g，石菖蒲 10g，炙远志 6g，炙甘草 3g。水煎服。另外，冲服以下药物：鲜竹沥水 20ml，1 日 2 次；羚羊角粉 0.6g，1 日 2 次；安宫牛黄丸 1 粒，1 日 2 次；紫雪丹 1g，1 日 3 次；猴枣散 1 支，1 日 2 次。如此用药加减治疗，至 10 月 13 日，患者身热渐退，咳嗽咯痰明显减少，神志缓慢苏醒。经治一月之后，患者身热彻底平息，呼吸平稳，神志清楚，眼神灵活，问答能正确反应。几年后，该患者除行动稍显迟缓外，生活基本自理，并结婚成家，为此还专门送喜糖到周仲瑛的诊室，感谢再生之恩。

有位 50 岁的妇女，患原发性血小板减少症，使用大剂量激素和免疫抑制剂，病情未能好转，血小板持续下降。后因感冒发烧，引发肺部感染继发呼吸衰竭，已经昏迷，虽经全力抢救，仍不能控制病情，于是请中医会诊。周仲瑛诊察患者，见其皮肤有大块的出血瘀斑，神志不清，呼吸急促，喉中痰鸣辘辘。认为此证属于络热血瘀，阴络受损，迫血妄行，痰热壅肺，肺失清肃。处方：水牛角片 15g，赤芍 12g，丹皮 10g，大生地 15g，茜草根 15g，黑山栀 10g，制大黄 5g，全瓜蒌 15g，葶苈子

12g，炙桑皮 15g，知母 10g，炙远志 6g，石菖蒲 10g。服药 3 剂，病人神志清醒，出血停止。

有位 12 岁的小学生，突然发高烧，体温 39.2℃，头痛、呕吐，继则抽搐，呼吸急促，神志不清。西医诊断是重型流行性乙型脑炎极期。周仲瑛见其面部发紫，脖颈僵硬，舌鲜红而苔黄腻，辨证为暑温，气营两燔。用其研制的清气凉营注射液，每次 10ml，加入 250ml 生理盐水注射液中，静脉点滴，每日 2 次。同时配合补液、纠正呼吸衰竭、脱水等对症治疗，两小时后患者额头开始微微出汗，体温逐渐下降。36 小时后体温降到正常，神志清醒；5 天后症状基本消失，1 周后康复出院。

有位 65 岁的退休干部，突然中风，恶心呕吐。住神经内科后病情仍继续进展，迅速进入嗜睡、昏迷状态，并发生癫痫抽搐。先请脑外科会诊，认为其血肿位于丘脑，部位深，血肿大，手术风险太大，只宜保守治疗。后应家属要求，请中医会诊。周仲瑛辨其为瘀热阻窍，用凉血通瘀口服液鼻饲。两天后患者神志好转，第18天完全清醒。住院1个月，出院时患肢肌力恢复到Ⅱ级。

有位82岁的老太太，患慢性支气管炎20多年，经常咳嗽，咯吐黏痰，秋冬季节天气变化时就会发病。一次慢支急性发作住院抗感染治疗后，身热虽退，但咳嗽不止，喘粗气急，不能平卧，吐出的痰如泡沫一样，且下肢浮肿，小便量少，手脚冰凉，神志不清。西医诊断是“肺心病，心衰”。周仲瑛分析她的病情，属于“高年之人，咳喘宿疾，痰浊蕴肺，病及心肾”。遂用温阳活血、泻肺化痰的方药进行治疗。服药10剂，老太太的咳嗽气急症状显著减轻，神志也清醒了。继用中药巩固疗效，最后转危为安。

有位50多岁的男士，因车祸昏迷40分钟，醒来后头昏目眩，核磁共振检查，见“两额颞部慢性硬膜下积液及血肿”，外科认为只有通过手术清除治疗。但患者因畏惧不愿手术，于是求助于中医。诊病时，患者诉说头昏头胀，左下肢发麻。当时的舌脉是“舌质紫，边有齿痕，苔淡黄薄腻，脉细”。周仲瑛分析他的病情，属于“外伤脑络，痰瘀痹阻，清阳失用”。用通窍活血汤和当归补血汤加减进行治疗，另用三七粉、人参粉、麝香冲服，苏合香丸每日 1 粒口服。一个月后复查，脑部血肿明显吸收。继续调治一个多月，临床症状消失，复查核磁共振，脑部血肿全部吸收。

类似的个案比比皆是，充分证明中医是能够治疗急危重症的。

从大量的个案可以看出，周仲瑛给许多急危重症病人治疗时，使用的是成熟的辨治方法，灵活的经验方药，疗效令人非常满意。据统计，他用泻下通瘀合剂治疗流行性出血热肾功能衰竭少尿期 202 例，总有效率达到 96.5％。该方由大黄、枳实、芒硝、桃仁、怀牛膝、生地黄、麦冬、猪苓、白茅根等组成，能通利二便，疏通下焦瘀热壅结的病理状态，改善肾和膀胱的气化功能。从西医角度来看，泻下的中药能使有毒物质排出体外，稳定机体内环境；可引起反射性利尿，减轻肾间质水肿，增加肾血流量，从而促进肾功能的恢复。

他用清气凉营法治疗病毒感染性高热 361 例，病种包括出血热、乙脑、流行性腮腺炎等，99.17％的患者都获得治愈，病死率仅为 0.83％，显著优于西药对照组的 5.91％。

他对肺系急症的诊治更有心得。几十年来，治愈了许多暴喘、肺炎和肺脓肿患者。治疗暴喘，他总结的辨治要领是："热毒闭肺，表邪未解，当解表清里；脏病传腑，又当清下并施。上盛下虚者，当权衡虚实主次，注意寒热错杂。热毒痰瘀阻肺，心脑受邪，当肺心同治。"对于肺脓肿（肺痈），他总结出清肺解毒、化瘀散结、排毒泄浊和清养补肺四大治法。

重症肝炎也是他擅长治疗的疾病。他指出："血分瘀热是重症肝炎的重要病机，凉血、化瘀、解毒是其基本治法。"他选用犀角地黄汤（犀角现已代用）与茵陈蒿汤合方作为基本方，研制成静脉注射液，治疗重症肝炎38例，存活率为63.16%，而同期不用本法治疗的对照组35例患者，存活率仅为40%。

丰富的经验积累使周仲瑛对中医治疗急症充满了信心。继流行性出血热的研究取得成果之后，他陆续进行了一系列急症研究，包括出血、休克、昏迷、急性肾功能衰竭、病毒感染性高热、重症肝炎和脑出血，等等。

他从事厥脱论治休克的研究，是国家"七五"攻关项目。他在研究中提出，休克的病机特点为"气滞络瘀、内闭外脱"，治法为"行气活血、开闭固脱"，临床用抗厥注射液（主要成分为枳实、川牛膝）和救脱Ⅰ号注射液（主要成分为人参、枳实、麦冬、丹参）治疗休克136例，存活率达96.86%，显著优于对照组的74%。

对于中风，周仲瑛系统地总结出12种治法，即祛风化痰法、息风潜阳法、通腑泄热法、清火化痰法、凉血通瘀法、辛凉开闭法、辛温开闭法、救阴回阳益气固脱法、搜风化痰祛瘀法、益气化瘀法、滋阴息风法、滋养肝肾法。其中，他对出血性中风急性期的治疗更为深入，拟订凉血通瘀的治法，以犀角地黄汤（犀角现已代用）为基础，加大黄、山栀子、泽兰、三七、地龙、冰片等，分别研制成凉血通瘀口服液和凉血通瘀注射液，临床应用效果良好。相关项目于2001年获得江苏省科技进步二等奖。

有学生问道："我们在临床上一遇到急重的患者就心里发慌，不知道该如何下手处理。有时候干脆介绍到西医那里，让病人住进CCU、ICU，输上氧气、挂上点滴才觉得放心。您为什么就能够有把握呢？您的急症经验是怎样积累并提高的？”

周仲瑛回答：“实践出真知。如果你只在书本上研究急症，或者钻在实验室里研究急症，根本没有接触过危重病人，当然会心中无底。治疗急症既要有胆量，也要有学识、有经验的积累。过去中医看危重病很多，有实践锻炼机会，经验累积多了胆子也就大了。”

“中医抢救急症要遵照中医的理论和辨证论治原则。如果你想单纯用中成药，想中药西用，想让中药抗菌消炎的作用比西药还强，那你是走错路了！中医不像想象的那样简单，要取效还是很难的，这就要看你的学识了。既要按照中医理论，又要灵活应用。其中的灵活就显现出理论的深厚和经验的丰富。”

周仲瑛认为，急症是最能彰显中医优势特色的领域，“继承发展中医急症医学是振兴中医药学的关键，中医内科急症学应在继承中求发展，在实践中再创新；以证带病，病证结合；扬我所长，化短为长；医药结合，多剂型并举，多途径给药，多疗法配套”。

除了救治急症，诊治疑难病症也是周仲瑛擅长的领域。他重视病机分析，长于复法组方，以此治愈了许多患者。

1998年8月，30岁的奚先生因“反复乏力、纳差、尿黄七个月，加重一月余”，住进了江苏省人民医院。经检查，他的肝功明显异常，全身皮肤高度黄染。西医诊断为“病毒性肝炎，乙戊重叠型，慢性重型”，经治疗月余不能改善病情。后来邀请周仲瑛会诊。

周仲瑛诊察后，在会诊单上写道：“患者面色晦暗，色黄不鲜，目睛深黄，一身黄染；口干苦，脘痞腹胀，恶心；大便溏烂，尿黄；右上腹时有隐痛，无明显触痛叩击痛，腹部膨满，肌肤未见明显瘀点瘀斑。舌淡，苔薄腻，质紫，脉右濡，左小弦滑。病机分析：慢肝久病，肝脾两伤，湿遏热郁，久病络瘀，湿甚于热；病情深重，当防其变。治当理气化湿，清热解毒，祛瘀退黄。”开出处方如下：

藿香、佩兰各 10g，茵陈 10g，炒苍术 10g，厚朴 6g，法半夏 10g，广郁金 10g，陈皮 10g，竹茹 10g，炒黄芩 10g，白豆蔻 3g（后下），白茅根 20g，赤芍 15g，鸡骨草 15g，田基黄 15g，车前草 15g，炒六曲 10g。

一周后再次会诊，患者病情已有所改善，复查肝功、黄疸指数均有好转。又守原方加减出入，调理两周，黄疸稳步下降，肝功继续改善，症状明显减轻，体重增加，腹胀不显，食纳知味。

周仲瑛对随行的学生讲解说：“病毒性肝炎病位主要在肝脾，病久可以及肾；病理因素主要有湿浊、热毒、瘀滞诸端；病机为肝脾失调，湿热瘀毒郁结；病理性质为邪实不虚，以邪实为主；正虚者，肝虚多在阴血，脾虚多在气阳；

邪实者，湿热毒邪相互交结，血瘀重于气滞。临证应根据患者的症状体征，辨析湿热瘀毒的轻重主次，肝脾失调的根源，气血阴阳的状况。本例患者症状复杂，病情危重。分析其临床表现，中焦气滞之征非常明显，故当重用健脾化湿泄浊之品；又有湿遏热郁之征，故清热解毒亦当兼顾；瘀血之征虽不明显，但从其病情迁延、舌有紫气分析，久病络瘀之机暗藏。综合考虑，治法以理气化湿为主，清热解毒为辅，佐祛瘀通络之品。方以藿香、佩兰、白豆蔻，芳香化浊除湿，使湿浊之气宣化；以苍术、厚朴、法半夏、陈皮、竹茹，燥湿健脾，理气平胃，以杜生湿之源；以白茅根、车前草，利小便而除湿，使湿邪从小便而出。可谓兵分三路，上下分消，共制湿邪。清热解毒用茵陈、黄芩、鸡骨草、田基黄；化瘀通络用郁金、赤芍、炒六曲。这样，就能照顾到病机的各个方面。”

老曹是一位 65 岁的公安干部，身患胰腺癌，经住院进行动脉灌注化疗，腹部疼痛一度减轻、消失。但在一个月后，疼痛又逐渐严重起来，由开始时的隐痛，变为阵发性的剧痛，并且整个背部、腰部都疼痛不适。虽多方诊治，也没有明显的效果，且发现癌症已经向肝脏转移。人已经极度虚弱，腹部胀痛一阵阵加剧，瘦得皮包骨头。周仲瑛仔细倾听了老曹的诉说，看过病历资料，诊脉看舌，发现其舌质偏红，舌头右边有块状的黄腻苔，脉象又弦又滑。沉思良久，周仲瑛在病历上作了这样的分析，“此乃肝胃湿热郁毒，久病结瘀而然”，治疗当“清化热毒，祛瘀散结，苦辛酸复合并用”。老曹服用中药仅仅两周，腰背疼痛基本控制，腹痛显著减轻，发作次数也明显减少了。坚持门诊治疗半年，症状完全消失。老曹精神振作，生活自理，已无任何不适。到医院再次复查 CT，显示病灶已获得稳定控制。

一个女学生，9 岁时曾患血小板减少性紫

癜，15岁时突发血尿，下肢布满暗紫瘀斑，医院诊断为紫癜性肾炎，用激素治疗后控制。但随后血尿再次发作，两下肢紫斑密集，腰酸腰痛，小便红赤，神疲乏力，食欲不振。查尿常规红细胞（＋＋＋），白蛋白（＋＋）。周仲瑛为其诊治，见其面色苍黄，舌质红而舌苔黄，脉细。综合分析属于“肾虚阴伤，络热血瘀，瘀热动血，血不归经”，因此用“滋肾养阴、凉血化瘀止血”的方药治疗。两周后复诊，两下肢紫斑基本消退，所有症状都得以改善，尿检除蛋白（＋）外，其余均正常。之后调理5个月，除尿检偶有少量蛋白外，没有其他异常。

这些都是周仲瑛用复法组方治疗疑难病的典型案例。周仲瑛说，在临床实践中，较单一的病机病证固然存在，但病证交叉相兼的情况更为多见。外感六淫、内伤七情、饮食劳倦等多种病因可同时或先后侵袭人体，致使气血失调，多脏受损；患病者往往多病丛生，病因复合，证候复杂，机制多途，病理因素相兼。对于这一类疑难病症，常法小方便难以取效，而复法组方则可以主次兼顾，各个击破，在疑难病症的治疗中有着不可替代的作用。即使是对于单一的病症，也可以通过复合立法，组方配药，使其相互为用，形成新的功用，进一步增强疗效。

复法是针对临床复杂多变的证候特征而拟定的一种诊治方法和辨证思路，特别适应于证候交叉复合，表里寒热虚实错杂，多脏传变并病的复杂情况。此时若以常法处方，难免顾此失彼，或病重药轻，或病众药寡，难以逆转病势。而复合立法则可以集数法于一方，熔攻补于一炉，能适应具体病情，取得较好的疗效。可以说，证之间的交叉、相兼、转化及动态变化是复法应用的实践基础。在应用复法时，有时会不可避免地形成大方多药。但在具体应用时，必须做到组方有序，主辅分明，选药应各有所属，或一药可兼数功者，尽量组合好药物之间的相须、相使、相畏、相杀的关系，避免降低或丧失原有药效，切忌方不合法，主次不清，药多而杂乱无章。尤要注意辨证时做到主次有别，在针对主病主症，采取某一主法的同时，又要把握其整体情况，注意兼病兼症，复合立法，兼顾并治。

周仲瑛特别指出，复法大方与方精药简是并行不悖的关系。复方是一种组方思路，要求临证时要分析全面，精细选药，有机配伍，主次兼顾，因势利导，各个击破。因此，在精选方药的前提下，也可形成配伍精当的复法小方。用好复法的关键在于病理因素和病理基础的辨析，而悟通医理、审机论治则可以提高复法应用的层次。应用复法组方之时，注重整体观念、双向思维是一个便捷方法。

应用复法诊治疑难病症，首先要仔细询问病史病程，全面收集四诊信息；然后根据症状体征、舌脉特点，辨析风、火、痰、湿、瘀、郁等病理因素的有无与轻重，作为复合立法的重要依据；同时分析病理基础，确定阴阳气血的虚实；确立主法主方之后，再根据升降结合、补泻兼施、寒热并用、敛散相伍、阴阳互求、表里相合、气血互调、多脏兼顾等配伍规律，选择对药，拟订处方。最后根据服药后的反应，进一步予以调整，使方药恰合病机。

复法组方治疗疑难病症是周仲瑛最具特色的学术经验之一。这种方法，适用于恶性肿瘤、病毒性肝炎、中风、哮喘、慢性肾炎等，有着良好的应用前景。周仲瑛的学生分别从病证、病机、组方、用药等各个环节，对这一学术经验进行了整理和继承，发表了多篇论文。

急症和疑难病都是周仲瑛长期致力研究的领域。“急性病和疑难病是互相联系的。许多急症就是疑难病，不少疑难病的某个阶段也可以转化为急症。我搞急难症就是基于其相关性和临床实际的需要。”

当然，急重症和疑难病的治疗是不相同的，“急症重在治标，阻断病势，逆转险变”；疑难病则须条分缕析，抓住主次，复法组方用药。周仲瑛曾总结自己的经验：“轻灵不是隔靴搔痒，重剂不可诛伐太过；复法大方必须组合有序，独行必须药证合拍！”

厚积薄发瘀热论
四诊精髓赖传承

中医学把常见病因概括为外感和内伤。外感包括疠气和风寒暑湿燥火六淫，内伤主要指喜怒忧思悲恐惊七情。此外还有饮食、劳逸、烧伤、冻伤、虫兽伤，等等。这些因素作为引发疾病的初始动因，能够影响人体的气血运行，导致体内阴阳的失衡。一旦人体内环境受到干扰而发生紊乱，脏腑功能就会失调，进而产生一系列病理因子。病理因子积存体内，成为疾病过程的重要中间环节，甚至决定着疾病的性质、演变和预后转归。

周仲瑛将这些病理产物概称“第二病因”，具体包括风、火、瘀、郁、寒、痰、湿、浊、水饮、毒等病理因素。各种病理因素都有一定的特点，可根据临床表现进行辨析。一旦明确了病理因素，病机的分析就容易得多了。对于那些病程漫长、证候复杂的疾病，初始动因往往难以追溯，但病理因素却有证可辨。针对病理因素治疗，就能解开疾病现阶段的关键症结。其实，中医常说的“审证求因”，多数情况下“求”到的就是“第二病因”。

病理因素之间，又多交互相兼。如中风昏迷患者，风、火、痰、瘀皆备；疫斑热病程中，热毒、瘀毒、水毒三者常错杂并见；慢性肝病则湿热、瘀毒交结。临床必须善于抓主要矛盾，如痰瘀相兼者，应分析因痰致瘀，还是因瘀停痰，以确定治痰治瘀的主次；或调整脏腑阴阳，通过解除导致痰瘀的根源，达到化痰祛瘀的目的。

周仲瑛认为，分析第二病因中各个病理因素的特点，对于研究中医内科急难症有重要意义。一般而言，病理因素以风、火、寒为主者，多导致急症重症；以痰、湿、瘀、郁为主者，多导致慢性杂病；病理因素单纯者，多是常见病，治疗容易取效；多种因素交结相兼者，则形成疑难病。此外，周仲瑛还总结了“怪病多痰、久病多瘀、难病多毒、疑病多郁”等病机规律。

周仲瑛对病理因素的复合致病现象有深入研究，其中历时最久、范围最广、成果最著者，当属“瘀热”。

早在20世纪70年代后期，周仲瑛就曾对瘀血学说及活血化瘀治则进行了较为系统深入的思考。他指出，只有“根据中医理论，遵循辨证论治原则，针对形成瘀血的病理因素和血瘀的病变部位，采用具体的治法，才能显示中医活血化瘀这一治则的优势，提高疗效”。研究流行性出血热时，他发现在瘟邪化火酿毒过程中，热与血搏，可形成血热血瘀；“瘀热里结”

几乎贯穿流行性出血热的全过程，特别是发热期、低血压休克期和肾功能衰竭少尿期。由此提出了“瘀热水结证”这一特定证型，用“泻下通瘀法”治疗获得了满意效果。之后，研究重症肝炎时，发现“瘀”和“热”这两种病理因素也往往相兼并见，并且是导致黄疸发生的机制之一，由此又提出“瘀热发黄证”；研究出血性疾病时，他又发现并命名了“瘀热血溢证”；在对以高脂血症为代表的慢性病、疑难病症的研究中，“络热血瘀证”渐渐浮出水面；1997 年以后，周仲瑛在研究出血性中风急性期时，又发现并确立了“瘀热阻窍证”。

从对瘀热相搏证的留意、构思，朝夕揣摩，到一项项科研课题的相继鉴定，岁月无情，转眼间 25 年已经过去！周仲瑛在长期临床实践中发现，在急性外感热病及某些内伤杂病，尤其是疑难病症发展的一定阶段，许多患者同时兼具血热血瘀见证，单纯运用清热凉血法或活血化瘀法治疗，往往疗效欠佳。为探求其内在规律，周仲瑛通过查阅有关文献，推求病机，并经临床验证和实验研究，明确提出瘀热相搏这一临床常见证候。指出，它是在急性外感热病或内伤杂病病变发展的一定阶段，火热毒邪或兼夹痰湿塞于血分，搏血为瘀，致血热、血瘀两种病理因素互为搏结、相合为患而形成的一种特殊的证候类型。病因为火热毒邪，病位深在营血、脉络，病理变化为瘀热搏结，脏腑受损，治疗大法为凉血化瘀。

临床实践证明，以此理论指导处方用药，治疗多种疾病中的瘀热相搏证，如流行性出血热、伤寒、支气管扩张、系统性红斑狼疮、重症肝炎、慢性乙型肝炎、高脂血症、糖尿病、过敏性紫癜、真性红细胞增多症等，临床疗效显著。

周仲瑛带领团队从理论、临床和实验三方面对“瘀热”之中的五大常见证型——瘀热阻窍证、瘀热血溢证、瘀热发黄证、瘀热水结证和络热血瘀证进行了系列研究，取得多项科研成果，显示了中医以“证候”为中心的研究特色。

2006年，周仲瑛的学生、南京中医药大学校长吴勉华教授，牵头申报并主持国家“九七三”计划项目“中医病因病机的理论继承与创新研究”之中的专项课题“瘀热病因在内科难治病发病中的机制及其分子基础研究”，重点就是研究“瘀热”学说。2007年3月，周仲瑛的研究专著《瘀热论——瘀热相搏证的系列研究》由人民卫生出版社出版。

老百姓把那些不看舌头不诊脉的中医医生戏称为“问先生”，言下之意是说，其道行不深，全靠问诊让患者说出病情。对于初出茅庐的医生，在脉诊未能掌握、望诊不得要领、闻诊又被忽视的情况下，详细问诊是弥补不足、获得辨证信息的一种方法。但遗憾的是，有些中医医生终其一生都停留在这一层次，不肯在四诊上下工夫，致使中医诊法这一颇具特色的传统技艺，面临着失传的危险。诊法所获取的信息是中医辨证的基础。初始信息不全不准，必然导致辨证的失误，无法保证治法方药的正确。

周仲瑛精于诊法，望、闻、问、切纯熟。因此，当国家确定中医诊法这一国家级非物质文化遗产代表性传承人时，中国中医科学院自然想到了他。

2007 年 11 月 8 日，南京中医药大学对周仲瑛在中医诊法方面的学术思想及临证经验进行了专题研讨。周仲瑛学术思想的传承人郭立中博士，系统总结了老师的经验：

四诊之中，望诊为首。周仲瑛指出："古人称'望而知之谓之神'，将其置于四诊之首，实际上是寓有深意的。病情的轻重缓急，病性的虚实寒热，病位的表里上下……有经验的医生一眼望去便知其八九。”望诊收集到的信息是病情最真实的反映，历代中医以望诊闻名者，很受同道推崇。周仲瑛说，望诊是中医诊法中最难以示人的技巧。但随着临证经验的不断积累，当功夫达到一定程度时，就能逐渐从重问轻望，到先望后问，以至于最后完全有把握以望为主，达到炉火纯青的境界。

“以神会神”，直透深心。周仲瑛认为，医患之间，除了语言交流，还要有心灵的沟通。所以，中医望诊之中，首重望神。望神的秘诀，即在于接触病人的瞬间，有意无意之间明察秋毫，透过患者的眼神探测其内心，掌握内在病症信息。周仲瑛告诫学生，望神一定要用神专一，善于用己之神去察病人之神。这种“一会即觉”、“以神会神”的能力，是中医望诊的重要技巧，需要在实践中不断训练才能获得。

察色按脉，先别阴阳。尽管疾病的证候复杂多样，临床表现千差万别，但只要把握阴阳这一纲领，就可以执简驭繁。辨析阴阳关键在于判断寒热。而寒热的征象多种多样，只要医者留意，不难捕捉。如好言者为热，懒言者为寒；喜热饮为寒，喜凉饮为热；怕热喜凉属热，怕冷喜热属寒；数脉主热，迟脉主寒，等等。

问有技巧，突出重点。许多人问诊虽全面仔细，但常常不得要领，枝节末梢，茫然无绪。周仲瑛则强调，问诊最重要的是突出重点，抓住要害，力争句句问在点子上。他说，问诊要围绕辨证有目的地问。如果考虑热证，就要问口渴与否，喜冷喜热，小便是否黄赤，大便是否干结；为进一步确定火热所在病位，还要继续问是否心烦易怒，有则是肝火偏旺；是否夜寐难眠，有则属心火上扰；是否易饥多食，有则为胃火炽盛等。问诊需要紧扣主症。主症是病人就诊时的主要痛苦，也是我们临证需要首先解决的主要矛盾，因此也是问诊的重点。如发烧病人，要问怕不怕冷、有汗无汗、发热的时间及规律等。

掌握主动，意在机先。根据病机发展、演变规律，推测可能出现的兼夹证候，从而有目的地深入探问，这是周仲瑛在多年临床实践中摸索出来的问诊技巧。如遇到两胁胀痛、胸闷腹胀、喜欢叹气的病人，要想到肝郁化火的可能，应进一步问是否有心烦易怒、口干口苦、溲黄便秘等症状；也要想到肝火引动肝风的可能，因此询问是否有头晕目眩、肢体麻木拘挛等症；还要注意肝火旺盛有可能克犯脾土，出现纳差食少、脘腹胀满等；也可能伤耗肾阴，甚至肝阳化风，出现头晕目眩，甚或中风等。如此问有向导，探查蛛丝马迹，则自有先见之明。

脉不能轻，也不可玄。如今，有少数中医大夫临床不再诊脉。他们认为，科学的发展为我们提供了实验室检查及X线、B超、心电图、CT、核磁共振等先进而准确的诊病方法，作为诊断疾病的一种原始手段，桡动脉的搏动提供的疾病信息有限且不可靠。有人甚至认为中医诊脉不过是一个形式而已。周仲瑛指出，脉诊绝不可轻视。虽然，切脉为“神圣工巧”之末，但大多数病人是需要参考诊脉来进行辨证的。浮脉是表证，沉脉是里证，数脉考虑热证，迟脉多是虚寒证，最能体现辨证的特征。临床上，可凭脉辨证或舍症从脉，考虑脉证是否相符，但脉诊必不可少。“中医诊脉的目的究竟是什么？这是需要弄清楚的重要问题。以为诊脉能诊出各种疾病，这是认识上的最大误区。其实，中医诊脉原本是为辨证服务的。比如在临床上，诊到一个弦、滑、数的脉象，你首先想到的应该是肝火旺、肝阳上亢，你可以判断他是中医的肝阳亢盛证，很大程度与高血压、动脉硬化有关。但有的高血压病患者，脉象很细，就说明他不是肝阳上亢的实证高血压，而是虚证。这时你就不能用平肝潜阳的方药，而应当用滋养肝肾的方法治疗。”

外感重舌，杂病重脉。舌诊和脉诊都是中医诊法最有特色的部分，二者需合参互用。周仲瑛体会到，对于外感急症的辨析，尤应重视验舌；而对内伤杂病的诊治，则首当重视诊脉。外感六淫及疫疠之气，虽脉也为之应，但舌质与舌苔的变化更快、更早、更明显，临床意义也更大。如温热初起，仅舌边尖红。热邪进入气分，则整体舌红。由气入营，则舌绛。由营入血，则舌质深绛。舌苔由白变黄、由黄变灰、由灰变黑，提示热轻、热重和热极的变化。另外，以手扪舌能够审气之寒温、津液之荣枯。胃阴不足者，舌白而干；肾阴不足者，舌红而干。外感初起，舌面涎多苔厚而舌质起裂纹，舌尖红者，属内有伏热而兼新感。但对于杂病患者而言，舌象有时只能参考。如消渴病人见腻苔，并不妨碍养阴润燥药的运用，只是要注意轻灵一些，不能过于滋腻；或者在清养之剂中稍加一些藿香、佩兰、白蔻、苍术、陈皮等，以资调理。如果因见腻苔，而大量应用半夏、厚朴、草果、草蔻等苦温燥湿药，就有可能加重病情。肿瘤病人放化疗之后，虽见腻苔，也要注意阴伤的可能。

内伤杂病患者，脉诊的意义更大。浮、中、沉三候中，沉候更能反映机体内部的真实情况。如久病之人，面红，心烦，口渴喜饮，汗多，脉象却细弱无力，证似阴虚火旺，实属气阴两虚；既不能单纯作阴虚论治，更不能用一派苦寒泻火之剂。而应重用甘温益气之品，使气阴渐复。

疑难重症，莫忘诊腹。对于疑难、危重病人，诊腹特别重要。这是周仲瑛的经验之谈。病证难决之时，及时诊腹往往能拨云见日。比如寒证，证据不足时，若腹诊发现皮肤发凉，则可断为寒证无疑。发凉而拒按者为寒实，暖手按压舒适者为虚寒。脐下寒多为肾阳不足，脐周凉多为脾胃虚冷，脐上凉多为心肺阳虚，两胁腹部发凉则为肝胆生发之气不足。同样，疑似热证者，也可通过腹诊明确诊断：腹部皮肤热或灼手，为热证无疑，喜冷而拒按者为实热。若脉有热象而腹不热，或自感手足热但按胸腹不热，或初按觉热久按则减者，则为表热。重按腹部其热灼手者为伏热，初按不热久按灼手为湿遏热伏。腹诊对危急重症的辨证更有意义。危重病人少腹冰冷者为阳气欲绝。治疗后脐下转温为阳气回复。高热昏迷患者迭用清热泻火、凉血解毒、化痰开窍之剂不效，诊腹胀满硬痛者，即可以大承气汤峻下，热毒下泄之后神志立刻清醒。

编教材呕心沥血
抓管理特色办学

1959 年，江苏省中医院搬迁到汉中路，医疗条件有了很大改观。周仲瑛在临证之余，承担了中医的教学工作，自此开始了长达 40 余年的中医教育生涯。

当时，周仲瑛同姚九江、龚丽娟、徐景藩等人共同组成了一支中医内科教学团队。他们白天上课，晚上备课，同时还管病房、值夜班，常常工作到深夜。没有现成的教材，他们就自己编写，积累了第一手系统的教学资料。在编写全国中医院校第二版《中医内科学》教材时，他们无私地提供了全部讲稿，这些讲稿实际上形成了第二版教材的基本构架。

1972年，江苏新医学院中医内科教研组重新组建，周仲瑛担任组长，承担了中医系、医疗系和新药系的中医内科教学任务。1979年，周仲瑛晋升为副教授、副主任医师，担任中医内科教研室主任。其间，周仲瑛建构了中医内科学总论的辨证论治纲要，提出脏腑辨证是内科疾病系统分类的基础，由此确立了脏腑辨证在内科疾病中的核心地位。这就结束了以往中医内科辨治繁杂无序、众说纷纭的状况，统一了中医内科学的分证体系，也为中医临床专业的细化和发展开辟了道路。

周仲瑛非常重视教材建设。他认为，教材是传道授业、传承文化的重要载体。一部好的教材影响是深远的，甚至可能惠泽百代。编写教材不是为了个人名利，而是为了传承中医。几十年来，周仲瑛呕心沥血，无私地将自己的宝贵经验总结出来，融入一部部教材、专著之中。

1984年，周仲瑛担任全国高等中医药院校统编教材《中医内科学》的副主编。这部教科书颇具中医特色，深受学生欢迎，以至于一版再版，供不应求，影响极大。同年，他主编的《中医内科临证备要》出版。该书立足临床，方便而实用。1988年，周仲瑛在全国率先开设中医内科急症学课程，并主编《中医内科急症学》教材。这套教材倾注了周仲瑛几十年的心血，充分体现了中医特色，简明而实用。他还参与编写了高等中医药院校教学参考丛书《中医内科学》，1992年该书获国家教委优秀教材特等奖。2001年，针对《中医内科学》五版教材应用多年亟需修订、完善等客观情况，全国高等中医药教材建设研究会邀请周仲瑛担任主编，组织国内八所中医院校著名的专家教授共同编写了新世纪全国高等中医药院校《中医内科学》本科规划教材（七版教材）。

除了教材，周仲瑛的学术思想还反映在他

的论文论著中。如《周仲瑛临床经验辑要》，汇集了他“临证诊治经验，集教学科研心得，列奇难验案实录，注重理论联系实际”；《中国百年百名中医临床家丛书·周仲瑛》，则将他从医60多个春秋的临床、治学和科研成果，精心汇集成册；《周仲瑛医论选》于2008年7月出版，该书由治学、教育、新论、急症、疑难病、方药、科研及附录8个部分构成，内容广泛，尤以中医内科急难症为全书的核心。周仲瑛在本书前言中说：“余家世代业医，先父周筱斋教授多年积累的医案、医论等手稿不幸毁坏，每忆及此，不胜惋惜！由是常于临证、读书、科研之余，如有所感所思、所得所悟，辄为笔录集存，以免散失！从医转眼60余年，朝夕揣摩，集腋成裘，并有赖于诸多学生的襄助，医论选集终得成书。”从这本书，基本可以看到周仲瑛治学经验的全貌。

1980年12月，通过医院提名，民主推选，周仲瑛被选为江苏省中医院学术委员会委员，1982年升任江苏省中医院副院长。此时的周仲瑛对中医事业的发展有了较为成熟的看法，认为振兴中医的根本途径在于进一步提高临床疗效。于是，他尝试在这个全国知名、江苏最大的中医医院进行医疗、教学和科研的全面改革。改革遇到了不少阻力，也取得了显著成就，周仲瑛的管理才能也进一步展示出来。1983年，江苏省委任命周仲瑛为南京中医学院院长，期望他为江苏的中医药事业作出更大贡献。

56岁的周仲瑛走马上任了。在此后近9年的时间里，他始终以发展中医为己任，坚持走中医特色的办学道路。他认为，中医高等教育一定要走自我发展的道路，不能照搬西医院校或者综合性大学的办学模式。在以他为核心的领导班子努力下，南京中医学院成为当时最具中医特色的中医院校之一，取得了一系列引人瞩目的成就：率先完成了中医研究生教育制度的建设；倡办各种中医研修班、进修班，强化了中医继续教育；促成对一批老教授、老专家学术经验的传承，组织老专家编写《中华本草》、《中医方剂大辞典》等医药学巨著；探索中医国际化办学模式；编写了一大批具有影响力的全国统编教材，等等。通过编写教材，全国的中医学子熟悉了一个个著名的中医学家，如丁光迪、孟澍江、邱茂良、江育仁、许济群、周仲瑛、陈亦人、王灿辉，等等，而他们都来自南京中医学院！

1988 年，周仲瑛当选为第七届全国人大代表，到北京出席会议。他不忘以振兴中医为己任，诚恳地向国家建言献策，提交了《关于从更深层次引导中医药事业持续稳定协调地发展》的议案。1992 年 5 月，国家中医药管理局对这项议案作了答复。此后，各省陆续出台了《中医发展条例》，有力地促进了中医事业的发展。

1992 年 5 月，周仲瑛不再担任行政职务。

在担任行政职务的近 30 年时间里，他廉洁奉公，积极开展院校的各项工作，较好地完成了党和国家交给的各项任务。他为南京中医学院及江苏省中医院所作的贡献，已载入史册。

慈严有度塑英才
桃李不言自成蹊

在柔细轻绵的江南春雨中，古城南京迎来了 2009 年新的一天。车水马龙的汉中门北侧，南京中医药大学老校区在绿树掩映中显得格外静谧。正对学校大门，是由原来的办公楼改造而成的国医堂。走进国医堂，满眼都是候诊的病人，熙熙攘攘，好不热闹。

推开一间诊室的门，外面的喧嚣立即远去。诊室十分整洁而安静。诊室中间，几张桌子拼在一起，上面铺了一张白色的桌布。一群年轻的医生正围着一位白衣老者团桌而坐。老者身材魁梧，面色红润，前额宽阔，头顶短发直立，显得格外精神，一双炯炯有神的眼睛流露出不同凡俗的睿智与神采。桌子靠门的一侧，一位患者正向老者诉说病情。老人仔细地听着，时而若有所思，时而插几句话询问病情，语调轻缓，宛如拉家常一般；同时将捕捉到的疾病信息概括凝练，口述给年轻的医生。把脉看舌之后，老人凝思片刻，讲述疾病的机理和欲采用的治疗方法，然后一味一味地报出药名。学生们分工有序，飞快地记录着：一位书写病历，一位将病案录入电脑，还有一位专门抄写药方。处方开好之后，老人拿过来认真地审阅一遍，盖上印章，递给病人；再让学生向病人交待服药方法、注意事项和复诊的日期。

这就是周仲瑛临床带教学生的生动场面。毕业十几年的学生重回母校拜见老师时，看到这样的情境，都会油然想起当年跟师求学的情景……

“刘菊妍！周老师通知今天晚上 7 点到研究所开会。”顾勤、周学平等富有磁性的声音，给

20 世纪 90 年代后期居住在银杏楼的中医学子留下了深刻印象。那时，南京中医药大学的银杏楼是研究生宿舍，周仲瑛的研究所就在旁边的实验楼四层。每隔一段时间，周仲瑛都要把学生召集起来，了解每个人的学习、科研和生活情况，给予及时指导，并布置新的任务。

周仲瑛在学术上对学生要求十分严格。第一，他非常重视中医经典的学习。研究生一入学，他就会推荐一些必须研读的中医典籍，并要求学生写出读书心得，鼓励大家在会议上交流。第二，他把锻炼临床功夫作为培养学生的重点。3 年期间，他要求学生每周必须随其上门诊抄方 2～3 次，每个学期要上交 5～10 篇完整的医案总结。对于假期能够独立应诊看病的学生，他总是褒奖有加。第三，他重视写作和科研能力的培养。对学生交上来的作业，他都要认真审阅，仔细点评。对于论文和科研课题，要求更为严格。第四，他强调务实的学风。要求临床病历必须详细记录病人的真实情况，复诊时如实记录服药后的临床效果，好亦录之，不好亦录之，绝不虚假，歪曲事实。所撰写的论文、心得体会、个案小结等，必须是临床的真实病案，有体会则写，无体会绝不要勉强凑数。“臆造杜撰，不但浪费精力、时间，不能提高自己的学识水平，而且还误导他人，其过大矣。”

“当时觉得做周老的学生太难、太累，不如别人轻松。但回过头来，发现那几年的工夫绝对没有白下。读了不少医书，整理了许多医案，对中医的感悟和临证的水平有了很大提高，甚至连论文的写作技能也是那时候练出来的！”周仲瑛的学生们都有这样的感受。他们都养成了记录病历必定概括分析基本病机、详细拟订基本治法的良好习惯，不少人都发表过十几甚至几十篇有一定深度的中医论文。2008 年，陈四清牵头众弟子编著《周仲瑛医案赏析》，顾勤主编《跟周仲瑛抄方》时，大家在极短的时间内就高质量地完成了任务。“大家手头都有大量的医案，整理这些医案时，当年随师侍诊的情形历历在目，老师的讲解点评曾让人茅塞顿开。甚至在临床上遇到了疑难问题时，还会突然想起老师当年的某一句话，因而启发出全新的思路。”

周仲瑛带教学生从不保守。他常说，医学本来就是为人服务的，多一个人掌握了医术，就会有一批人因此受益。在他的诊室，除了自己的硕士研究生、博士研究生，经常还有慕名的本科生、进修生、留学生前来学习、抄方。门诊时，一有机会，他就会讲解辨证思路，分析病机治法，讲解具体方药。特别是对那些几代传下来的、既符合医理又行之有效的单验方，他都会重点说明，甚至还会提问，检验学生是否已经掌握。

周仲瑛悉心传授，点拨释疑，使许多学生

登堂入室，领悟了中医学术的神奇魅力。邓伟说出了众弟子的共同感觉：“周老师对人对事大度宽容，简朴的语言里透出对生活的感悟及对中医的执著与热爱，往往在专注地听你发表完见解后，轻轻地点拨几句，就能使你茅塞顿开。”

生活中的周仲瑛非常谦和。和他一起进餐或闲聊，是学生们最开心的时候。此时，他总是和善地望着大家，谈天说地，还时不时幽它一默。胆子大的学生这时就会跟他开玩笑，说他是“长生果”、“开心果”。师生在一起，完全没有拘束，就像一家人一样，气氛和谐，其乐融融。

“谦光照人”。郭立中是众弟子中学识渊博、悟性极好，却低调含蓄、言辞不多的一位，他用以上四个字概括自己敬重的老师。王旭说：“我心目中的周老慈祥如父，和蔼可亲，待人谦和，气度非凡。”叶丽红以“敬业，刻苦，善思，执著”概括自己对老师的印象。顾勤更认为自己的老师“睿智，率直，从容，博学而通达”。

周仲瑛从1979年开始招收硕士研究生，1983年开始指导博士研究生。几十年来，他以独特的方式，培养了一大批献身中医事业的栋梁之才。其中博士研究生26名，硕士研究生11名，博士后2名，访问学者1名，学术继承人10名。此外，还在临床第一线带教慕名前来学习的留学生、再传弟子和江苏省中医院的优秀青年中医等总计60余名。

桃李不言，下自成蹊。周仲瑛培养的这些学生，如今均已成为中医学科领域的骨干力量，他们在各自不同的岗位上，不断将老师的学术思想和临证经验发扬光大，服务于更多的群众。

2006年10月，中国中医药出版社的肖培新编辑为编写医学人生丛书《走近中医大家——周仲瑛》，专程从北京赶来，采访周仲瑛及其学生。在谈到天南海北的学生时，周仲瑛如数家珍，喜爱之情溢于言表。肖编辑听着那些已经颇有名气的名字，禁不住问道："周老，您是用什么样的魔法，将这么多的学生点石成金的?"周仲瑛呵呵一笑说："其实不是因为我有什么妙法，他们的成长与自身的努力是分不开的。要说我的秘诀，就是我的眼光好，发现了一大批可塑之才，把他们团结到了我的身边!"

养生秘诀读书乐
老骥伏枥尚追风

显著的临床效果吸引了越来越多的病人，周仲瑛每周看 6 次门诊，每次都要诊治 40 余位患者。无论是平民百姓，还是政界要人、学术名流，他都一视同仁，绝不敷衍，也不阿谀。遇有农村患者，述症用方言土语，听不明白时，他都耐心询问，引导患者慢慢讲述；遇到远程赶来而挂不上号的外地患者，不管时间多晚，多忙多累，他也都给予加号，认真诊治。这让周仲瑛的学生们深切地领会了大医精诚的真实含义。

见过周仲瑛的人，都会惊羡他的形象和气质。特别是他越到老年，越给人一种仙风道骨的感觉。红润的脸庞没有一点老年斑，花白的头发，宽大的额头，炯炯的目光，机敏的谈吐，真的是鹤发童颜！

许多人都猜测：周仲瑛肯定有什么养生秘诀。在一次师生座谈会上，学生过伟峰说他已经悟出了老师养生的秘诀，那就是："吃得好，睡得香，想得开。"

说"吃得好"，并不是指吃什么山珍海味、滋补保健品。其实，周仲瑛的一日三餐就是老伴亲手做的平常饭菜，但他都能吃得津津有味，从来不挑食，更不暴饮暴食。"心中有美味，自然能嚼得菜根香。"至于穿着，更是非常随意，不讲究名贵时尚，只要求合身得体。"美其食，任其服"，就是最利于健康的养生之道。

说"睡得香"，众弟子都有同感。不管是忙碌紧张还是相对空闲，也不论环境安静还是喧嚣吵闹，周仲瑛倒头便能睡得着。有一次，王长松随老师到建湖诊治肿瘤病人，正赶上修路，路途异常颠簸。就在大家心烦气躁、怨天尤人时，却发现老师已经在前排的座位上呼呼大睡了。晚上洗漱之后，师生倚枕而坐，交谈了好久。之后，王长松辗转反侧，难以入眠。可是一边的老师已经酣然入梦。

说周仲瑛“想得开”，更能得到家人和众弟子的认可。80 多年的风风雨雨，周仲瑛历经磨难，有过困扰，受过屈辱，经历过失败，赢得过荣誉，但他都能心态淡定，做到宠辱不惊。局外人也许会疑惑：周仲瑛要处理那么多的繁杂事务，每日要诊治那么多的疑难病症，还要研读医书，总结临床经验，凝练科研思路，还要为中医的前途担忧呼吁，为培养中医后继人才竭尽全力……他有那么大精力吗？但老师的秘诀在于，分析解决问题时，精力集中，思维活跃，能够拿得起。闲暇休息时，则心境平和，杂念全无，能够放得下。他勤于思考，善于领悟，但绝不冥思苦想，殚精竭虑。用现代的话说，就是能够科学而合理地用脑！

周仲瑛生活俭朴，不追求物质享受，唯以读书为平生最好。其实，研读医书也是他的养生秘诀。沉浸于充满墨香的古籍之中，与先贤智者沟通心灵、交流思想，灵感的火花时时被激发出来，岂不乐哉。更重要的是，周仲瑛品读医书非常重视实用性，对于书中那些“精辟的警句，实用的论点”，往往能过目不忘。在浩如烟海的古籍中，他更重视经典，常以“旧书不厌百回读，熟读深思子自知”作为读书的秘诀。品读经典时，周仲瑛常能结合临床，悟出实用的辨治方法，顿悟之后的喜悦油然而生。“学而时习之，不亦说乎”，体现在周仲瑛身上，就是他将读书悟到的知识不断应用于临床，又不断得到效果的验证，怎能不让人喜上心头。这就是他独特的“学乐养生真法”。

闲暇时，周仲瑛会和家人一道散散步，聊聊天。而出道的弟子登门拜访，也往往是他最高兴的时候，常常一聊就是半天。

周仲瑛生活有规律，一般不过度熬夜。尤其在退休以后，养成了按时就寝的习惯。“食饮有节，起居有常，不妄作劳”，其实就是他最简单有效的养生之道。

1992年5月起，65岁的周仲瑛不再担任行政职务。年过花甲，对于多数人而言，应该是颐养天年、含饴弄孙的时候，但周仲瑛却变得更加忙碌了。临床上，他以其卓著的治疗效果赢得了患者的信赖；学术上，他以其深厚的中医功底和不断创新的理论逐渐被同行认可和推崇，最终成为著名的中医药学家。他的许多博士研究生，也是在1992年之后培养的。正像同行们所说的：“他是一个退而不休的可敬老人。”

2004年6月，77岁的周仲瑛正式退休。是真的退休了吗？没有！周仲瑛是一个奋斗不息的人。

在国家“十五”、“十一五”科技攻关计划

中，“名老中医学术思想、经验传承研究”一直是研究的重点，“周仲瑛学术思想、临证经验的研究”也在计划之列。他指导课题组整理以往脉案，搜集前瞻性病例，对数百例典型病案进行了逐字逐句的点校。几乎每个月，课题组都要围绕其学术思想进行专题研讨，每次他都积极参加，给以精彩点评。他的学术思想也在这一过程中得到进一步的升华。

2006 年起，周仲瑛出任国家重点基础研究计划学术顾问。该课题由其学生吴勉华主持，研究的重点就是周仲瑛的“瘀热”病机创新学说。为避开大家的上班时间，课题组的研讨会往往在晚上和周末进行，但周仲瑛不辞辛劳，每一次都积极参加，提出一系列建设性意见。

2007 年 6 月 5 日，经中国中医科学院提名、文化部确定、国务院批准，周仲瑛和邓铁涛一起成为第一批国家级非物质文化遗产项目“中医诊法”的代表性传承人。中医诊法是中医学独具特色的组成部分，有着潜在的科技与人文内涵。随着医学科学的发展和中外文化的广泛交流，中医诊法越来越受国家重视。为了保护和继承这一非物质文化遗产，国务院于2006年5月20日将其列入第一批国家级非物质文化遗产名录。

2008年，南京中医药大学“内科难治病瘀热病机重点研究室”获得国家中医药管理局第一批重点研究室称号，周仲瑛出任研究室学术委员会组长。研究室针对中医内科难治病病机复杂多样的特点，以对周仲瑛瘀热病机学说的传承和创新研究为切入点，重点揭示瘀热病机在内科难治病过程中的机制，确立有效的治法方药。在此基础上，进一步扩大到其他病机的研究，最终建立起能够切实指导临床实践的、以“审证求机”为核心的内科辨治新体系。

2008年4月15日，周仲瑛获得“王定一杯”中医临床国际贡献奖。这一奖项由世界中医药学会联合会主持评选，旨在表彰热爱中医药事业，积极宣传、推动中医药学进入各国医疗保健体系，为中医药事业的国际化发展，为人类健康作出突出贡献的中医药工作者和中医药团体组织。周仲瑛与邓铁涛、路志正、任继学等名老中医，共获这一大奖。

2008 年 9 月 24 日，“周仲瑛教授学术思想研讨会暨八十华诞庆典”在风景优美的中山陵南京国际会议大酒店举行。邓铁涛、路志正、何任、李今庸、颜德馨、张灿玾、张学文、张琪、程莘农、郭振球、王永炎、陈可冀、彭司勋、李纯球、李振华、徐景藩、林树森、周学文、马有度等中医药名家送来了字画墨宝；年逾九十的朱良春亲致贺词，江苏省政协副主席、省委统战部部长周珉，江苏省教育厅、卫生厅、中医药管理局的负责人，以及周仲瑛的家人、学生等 250 多人参加了会议。那一天风和日丽，大家欢聚一堂，共同祝愿周仲瑛教授健康长寿，探讨岐黄复兴大业。

身着唐装的周仲瑛步履矫健，谈笑从容。回忆走过的道路，展望中医美好的未来，周仲瑛欣然命笔，题诗一首：

岐黄仁术，博大精深。
中华瑰宝，世界先声。
泽惠华夏，昌我民生。
传统绝学，实效为凭。
承前启后，赖我同仁。
与时俱进，业贵专精。
求同存异，和中悟真。
青胜于蓝，春满杏林。
老骥追风，宿志永存。

目前，周仲瑛正在构建“中医内科病机证素体系”。这一体系将“审证求机”的理念融入证候的辨析过程，既有规范又圆通灵便，因而有别于那种简单地将症状分级打分，再根据合计分数确定证候类型的所谓“辨证客观化”的做法。

为了挚爱一生的中医事业，周仲瑛还在不断地思考着，探索着！

（撰稿人　王长松）

《中华中医昆仑》丛书150位医家名录

（按生年排序）

张锡纯	丁甘仁	萧龙友	王朴诚	恽铁樵
曹炳章	冉雪峰	谢　观	施今墨	汪逢春
孔伯华	黄竹斋	吴佩衡	蒲辅周	陈邦贤
李翰卿	李斯炽	姚国美	陆渊雷	张泽生
时逸人	张梦侬	叶橘泉	王聘贤	陈慎吾
邹云翔	赵炳南	承淡安	余无言	刘惠民
岳美中	沈仲圭	秦伯未	赵锡武	韦文贵
程门雪	黄文东	赵心波	董廷瑶	吴考槃
章次公	石筱山	陆南山	张赞臣	李聪甫
刘绍武	陈存仁	朱仁康	陆瘦燕	姜春华
韩百灵	高仲山	李克绍	王鹏飞	刘春圃
金寿山	哈荔田	何世英	周凤梧	干祖望
关幼波	王为兰	任应秋	罗元恺	祝谌予
杨医亚	郭士魁	何时希	耿鉴庭	俞慎初

裘沛然	顾伯华	江育仁	邓铁涛	门纯德
刘渡舟	尚天裕	朱良春	李玉奇	程士德
尚志钧	赵绍琴	董建华	米伯让	李辅仁
张珍玉	班秀文	颜正华	于己百	颜德馨
路志正	方药中	王乐匋	黄星垣	谢海洲
余桂清	何　任	王子瑜	程莘农	陈彤云
焦树德	张作舟	张　琪	李寿山	张镜人
王绵之	方和谦	印会河	王玉川	蔡小荪
李振华	马继兴	王嘉麟	宋祚民	刘弼臣
王雪苔	刘志明	吴咸中	李今庸	任继学
裴学义	王宝恩	周霭祥	贺普仁	唐由之
赵冠英	许润三	金世元	陆广莘	刘柏龄
徐景藩	吉良晨	吴定寰	沈自尹	王孝涛
张灿玾	周仲瑛	强巴赤列	张代钊	李经纬
郭维淮	柴松岩	苏荣扎布	陈可冀	李济仁
夏桂成	郭子光	巴黑·玉素甫	张学文	陈介甫